pequeños **espacios**
grandes ideas

Concepción: Arian Mostaedi
Editores: Carles Broto y Josep Mª Minguet
Asesoría en arquitectura: Pilar Chueca
Producción: Héctor Navarro
Diseño gráfico y maquetación: Daniel González
Textos: Cedidos por los propios arquitectos,
editados por Jacobo Krauel

© Fotografía de portada: Alberto Piovano

ISBN: 84-96096-30-0
D.L.: B-41480-2003

Impreso en Barcelona, España

© Instituto Monsa de Ediciones, S.A. (idioma español)
Gravina, 43. 08930 Sant Adrià de Besòs.
Barcelona, España.
Tel.: +34 933 810 050.
Fax: +34 933 810 093
monsa@monsa.com
www.monsa.com

pequeños espacios grandes ideas

índice

introducción

Las grandes obras arquitectónicas no tienen porqué ser aquéllas en las que su importancia se mide en metros cuadrados. Es más, la creación depende del espacio y de las posibilidades que éste proporciona. Por ello, el trabajo arquitectónico en espacios reducidos se presenta a menudo como un reto en el que debe conseguirse lo que parece imposible: lograr que un pequeño habitáculo se convierta en una vivienda cómoda en la que no se sienta una carencia de espacio vital.

Este libro se presenta con la intención de mostrar aquellos trabajos que destacan por sus habilidades a la hora de crear ambientes sugerentes en un entorno de reducidas dimensiones. Una tarea complicada que no sólo se limita a la eliminación de tabiques, disposición de altillos o a la incorporación de un mobiliario específico para las necesidades del lugar. Saber aprovechar los metros cuadrados exige mucho más: se debe pensar también en las exigencias y la comodidad de los clientes, así como en la conquista de un diseño estético en el que la arquitectura se pueda adaptar a las restricciones que delimitan la superficie de la vivienda.

A través de los proyectos expuestos en ese volumen se encuentran las soluciones e ideas de arquitectos de renombre como los holandeses MVRDV, el norteamericano Rick Joy, o el francés Jo Crepain entre muchos otros. Un total de 32 proyectos en los que se aprecia la fuerza imaginativa de los diseños y que muestran cómo una pequeña dependencia puede transformarse en una cómoda vivienda, independientemente de su uso primitivo o de su ubicación. Apartamentos que nacen tras la división de un gran piso, pequeñas viviendas unifamiliares de campo, viviendas de fantasía creadas entre medianeras o la reconversión de un antiguo molino o de un depósito de agua. Una amplia muestra complementada con planos y explicaciones del trabajo arquitectónico llevado a cabo en cada proyecto ayudan a comprender que el diseño creativo no depende de la superficie construida.

Kar-Hwa Ho
Apartment in New York
Nueva York, EE UU

El anonimato y la falta de luz de este loft orientado al norte, ubicado en el neoyorquino distrito de Chelsea, se han resuelto en esta actuación que responde a las necesidades del cliente, un joven financiero. Su principal requisito, una distribución de los espacios más unificada y definida, se cumple con una narrativa espacial que crea una marcada distinción entre los espacios para cenas formales y reuniones en la zona de día y la tranquilidad y el silencio de la zona de noche. A fin de acentuar la geometría limpia y simple del espacio, se retiraron las molduras, zócalos y adornos, y se realinearon y reproporcionaron los paramentos verticales y las columnas. La retirada del techo suspendido en la zona de día para exponer las bóvedas de estructura continua ha añadido un toque casi frívolo al diseño de este loft.

La zona de día es un amplio espacio cuyas divisiones funcionales están marcadas por el mobiliario, hecho a medida y cuidadosamente escogido. La cocina situada detrás de esta zona también se ha hecho a medida. La despensa se ha realizado con unidades nido móviles en madera de arce y superficies frontales y traseras de cristal esmerilado.
El dormitorio está dominado por una superficie de madera de arce hecha a medida, con un espacio para guardar almohadas y sábanas en el cabezal. Las dos mesillas de noche empotradas con laterales de cristal pulido, los estantes de ajustables y las lámparas también han sido diseñadas por el arquitecto. Las sombras acentúan la simplicidad del espacio geométrico pintado de blanco. El pavimento original de madera de roble se ha teñido de un tono más oscuro.

Fotografías: Björg Photography

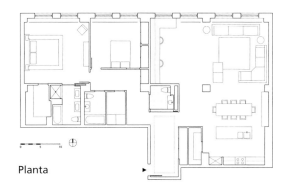

Planta

La atmósfera de calma y reposo, ya evidente en el vestíbulo de entrada, se ve acentuada por la iluminación, que ha sido diseñada para aumentar la profundidad espacial.

Para el mobiliario se utilizaron texturas cálidas y sensuales como madera, cristal traslúcido o pulido, y acero a fin de compensar la simplicidad de los espacios.

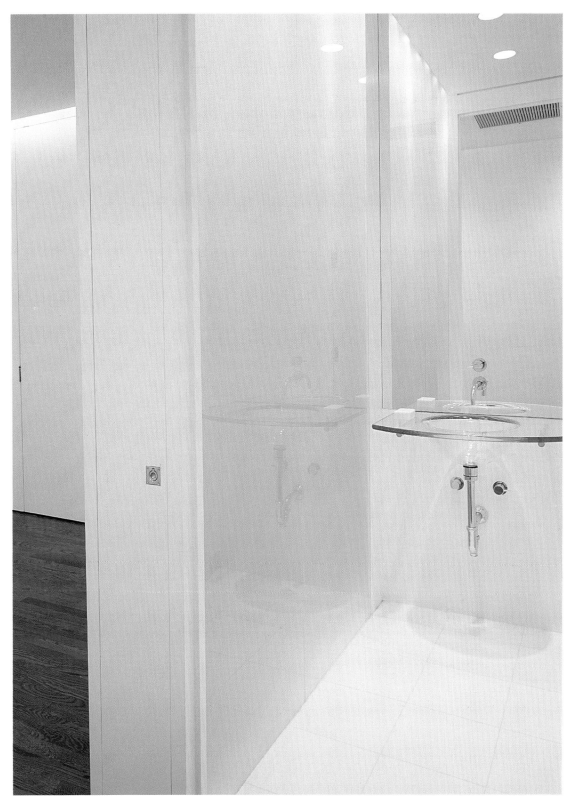

Eduard Broto
Estudi a l'Eixample
Barcelona, España

El proyecto del arquitecto Eduard Broto consiste en la rehabilitación de un ático situado en un edificio modernista de la parte derecha de l'Eixample barcelonés. Antes de la remodelación, el ático consisitía en una única habitación destinada a trastero y una amplia terraza.

El proyecto ha aprovechado al máximo las posibilidades del lugar realizando el mínimo de intervenciones necesarias. El resultado logra conservar el carácter tradicional del edificio, transformando un pequeño espacio obsoleto en una vivienda moderna y funcional.

Se ha creado un elemento de madera similar a lo que podría ser un armario. Éste es el encargado de separar y organizar las distintas zonas en las que se divide la vivienda. La generosa altura del forjado ha permitido la ubicación de un altillo, ganando de esta manera, espacio habitable.

La habitación-sala de estar se sitúa en la parte anterior de la vivienda, pudiéndose ampliar hacia la terraza que tiene en frente. Las paredes y ventanas de esta sala principal se han decorado con el mismo motivo floral modernista con que se encuentra decorada la escalera del edificio.

En la parte posterior de la vivienda se sitúan la cocina, el baño y un pequeño dormitorio. Todas y cada una de las estancias se encuentran conectadas entre sí, quedando separadas únicamente por un sistema de puertas correderas. En el baño, la zona más privada del mismo se ha separado del resto mediante un cerramiento acristalado decorado.

Fotografías: Eugeni Pons

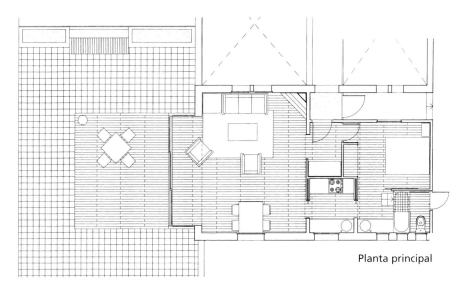

Planta principal

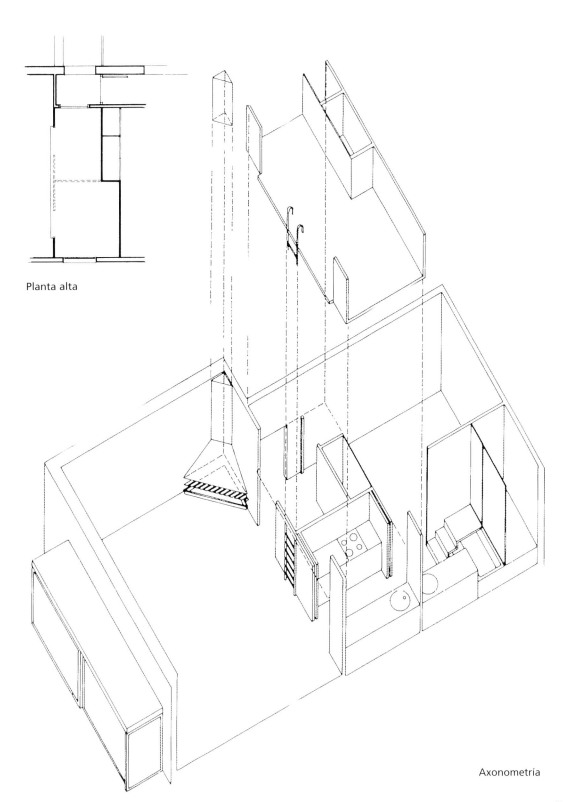

Planta alta

Axonometría

Ian Hay
Hay Apartment
Londres, Reino Unido

Ocupando dos de las salas de la primera planta de una modesta casa entre medianeras de estilo georgiano cerca de Tottenham Court Road, con una superficie de sólo 30 m², este apartamento se diseñó en base a la premisa de que Hay quería obtener una vivienda espaciosa dentro de un espacio muy reducido. Rehusó las soluciones convencionales de apartamento-estudio, así como colocar ducha en vez de bañera, o situar la cocina en la sala. En cambio, comenzó por calcular el espacio mínimo requerido para cocinar, o para la cama doble, buscando maneras en las que estas funciones pudieran combinarse dentro del espacio limitado.

Al apartamento no le falta de nada, pero las cosas no están siempre donde uno esperaría encontrarlas.

El cuarto de baño, por ejemplo, está situado en una plataforma por encima de la cama y desde el baño se ofrece una gran variedad de vistas: se puede abrir una puertecita para mirar un pequeño televisor al lado de la cama, o tener vistas al salón desde la cocina. Dicho salón cumple una doble función como espacio de trabajo, con la mesa grande que se despliega de la pared para que Hay pueda trabajar desde casa.

Una de las claves el éxito de la conversión muy ajustada es el juego de transparencias: ni el cuarto de baño ni la cocina se tratan como habitaciones cerradas y hay sorprendentes puntos de vista que recorren el apartamento, para evitar la sensación de claustrofobia asociada a los espacios pequeños y cerrados.

Fotografías: Richard Glover

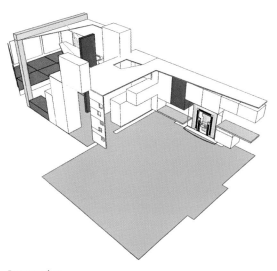

Perspectiva

Perspectiva

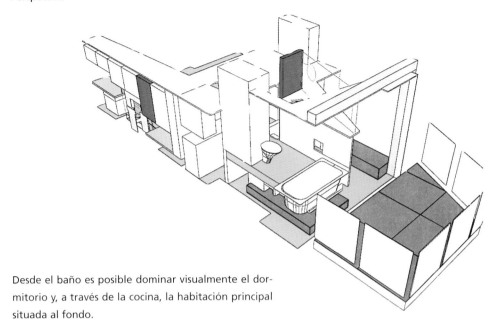

Desde el baño es posible dominar visualmente el dormitorio y, a través de la cocina, la habitación principal situada al fondo.

Torsten Neeland
House of Dr. Shank
Hamburgo, Alemania

El edificio, construido a principios de siglo, aloja un apartamento y una consulta médica en el centro de Hamburgo.

El interior, en el que ambos usos se comunican, se ha rediseñado completamente para aprovechar al máximo las limitaciones espaciales.

Uno de los objetivos más importantes era la colocación de escasas piezas de mobiliario para permitir que el espacio demostrara toda su belleza. Las zonas abiertas se han aumentado mediante la eliminación de un tabique entre la biblioteca y el salón. De esta manera, el arquitecto crea un ambiente tranquilo en el que resulta fácil centrarse en el trabajo o disfrutar del espacio.

Se ha prestado una atención especial a la iluminación, un aspecto de gran importancia para Neeland y que utiliza como una parte integrante de la arquitectura. Para él, la luz tiene una calidad mágica, se puede utilizar para cambiar el ambiente de forma radical: sin la luz la arquitectura no es nada. La iluminación de las habitaciones es principalmente indirecta, por ejemplo mediante pantallas deslizantes en las ventanas. La flexibilidad de dichas pantallas proporciona diferentes dimensiones de luminosidad, lo que permite aumentar las sensaciones de amplitud en un espacio reducido.

Fotografías: Klaus Frahm / CONTUR

La luz penetra en las habitaciones de forma indirecta gracias a paneles móviles que tamizan la entrada de luz y que consiguen bañar las estancias de una atmósfera intimista.

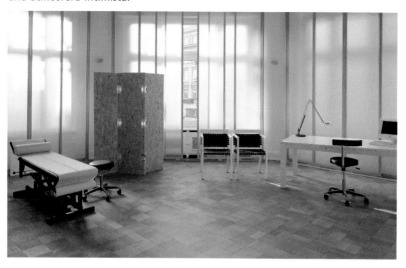

Simon Conder & Associates
Residential conversion of a fire station
Londres, Reino Unido

Los clientes compraron las dos últimas plantas de lo que era antaño el parque de bomberos de Holland Park, en Londres. Pese a la ubicación del edificio en una tranquila calle arbolada, el área de habitación consistía en varios espacios pequeños y mal iluminados y los de la parte trasera se desarrollaban a la sombra de unas cocheras reformadas a sólo 3,5 metros.

La profundidad de la planta, combinada con las ventanas relativamente pequeñas, significaba que el núcleo de la planta era un área particularmente oscura.

El objetivo principal de los clientes consistía en encontrar una solución imaginativa para transformar este ambiente, más bien deprimente, en un hogar nuevo, luminoso y estimulante, de escala y espíritu generosos. En cuanto a la distribución, los clientes querían incorporar una zona de estar de planta abierta, cuyo corazón sería la cocina,

un dormitorio principal grande con baño, dos dormitorios más pequeños (uno de los cuales funcionaría también como estudio), un baño adicional, y muchos armarios empotrados para guardar la ropa y así como la colección de discos y cd's de los propietarios.

Desde el nivel de la cubierta se goza de unas magníficas vistas hacia la parte occidental de Londres. Estaba claro que el edificio se transformaría radicalmente si se explotasen las posibilidades espaciales y lumínicas de la azotea, lo que crearía un espacio vital adicional y proporcionaría una entrada de luz para los rincones intermedios ubicados en el nivel inferior.

Tomando este punto de partida, la solución final se basó en tres elementos clave: un invernadero sobre la cubierta, una escalera de piedra y una pared de almacenamiento de tres plantas.

Fotografías: C. Gascoine/View

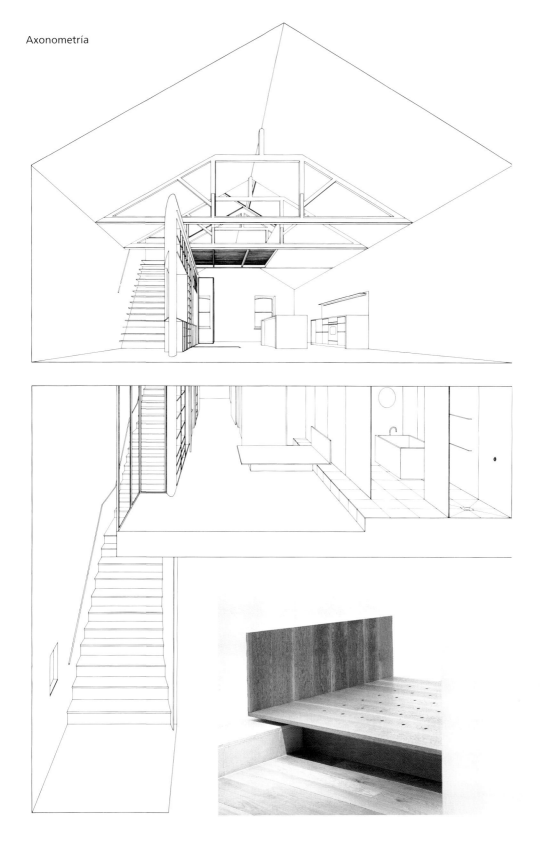

Martin Wagner
Apartment Casa Sorée
Carona, Suiza

La restauración de la Casa Sorée dispone de tres apartamentos en tres niveles sucesivos, y une los tres sótanos de la casa para crear un apartamento en planta baja.

Las calles cubiertas y pórticos de la ciudad de Carona, en la que se implanta la vivienda, se ha reconvertido en una calle interior que conecta las tres células de almacenamiento de la edificación. Esta calle se extiende directamente desde la entrada principal del apartamento de la planta baja, manifestando de forma clara la organización de éste desde la entrada y permitiendo una extensión de las vistas a través del espacio.

Siguiendo la tradición del Ticino, la puerta de entrada se abre en la cocina.

Una nueva apertura une la cocina con el pórtico cubierto existente para cenar al aire libre. La segunda de las tres estancias del apartamento, usada como estar, se abre al eje existente que corre desde el hogar de la pared trasera hacia fuera.

La tercera estancia, un dormitorio, incluye un baño cerrado por una pared exenta y de gran altura, construida en hormigón, que proporciona privacidad y alberga las instalaciones de fontanería. La pared está perforada por pequeñas aperturas de formas geométricas.

El diseño utiliza la historia constructiva de Carona y aprovecha las oportunidades inherentes dentro de la estructura existente para desarrollar una única situación arquitectónica para vivir.

Fotografías: Reiner Blunck

La zona de noche incluye una habitación con baño. Este último se encuentra en el interior de un muro autoportante de hormigón visto que se cierra sobre sí mismo y se separa del techo a través de una invisible franja de cristal.

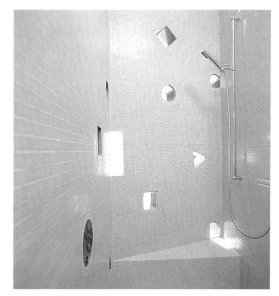

Joan Bach
Loft Gràcia-2
Barcelona, España

Este apartamento ha sido remodelado por el arquitecto Joan Bach, y se encuentra ubicado en un edificio del barrio barcelonés de Gracia.

El espacio está constituido por una sala de estar de doble altura, una cocina abierta y una zona lateral que se desarrolla en tres niveles. El nivel inferior contiene el comedor, las escaleras y un cuarto de baño. El nivel intermedio contiene dos habitaciones auxiliares que alojan un vestidor y una aseo, así como también el dormitorio principal, que está visualmente conectado con el salón y al que se accede a través del cuarto de baño. El nivel superior es independiente y está destinado a los dos dormitorios de los niños, un cuarto de baño y una habitación de estudio y juegos.

Se optó por pintar todos los muros de un tono amarillo que confiriera al espacio luminosidad y ayudara a recrear un ambiente cálido. Con este tratamiento se consigue un interesante contraste cromático entre las superficies pintadas en amarillo y el pavimento, las vigas, las escaleras, los conductos de aire, la cocina e incluso los marcos de los cuadros, con acabados en tonos marrón oscuro.

Los materiales, los acabados y los muebles seleccionados configuran un espacio muy acogedor. La iluminación es artificial y ha sido diseñada para crear un ambiente de tranquilidad que contribuye a obtener el toque de calidez deseado por sus habitantes. El pavimento es de parqué, mientras que el mobiliario es nuevo y funcional.

Fotografías: Jordi Miralles

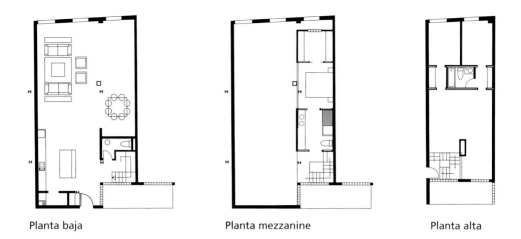

Planta baja   Planta mezzanine   Planta alta

Aunque se encuentran en distintos niveles, el dormitorio principal y el salón mantienen una comunicación visual. La peculiaridad de este dormitorio se ve acentuada por el hecho de que, para acceder al mismo, se debe atravesar el baño.

Se ha establecido un juego cromático entre los muros, pintados de amarillo, y los elementos que se distribuyen a lo largo del espacio, que tienen un acabado en un tono tostado oscuro.

Francesco Venezia
House in Posillipo
Nápoles, Italia

El enfoque sutil del arquitecto napolitano, basado enteramente en la interpretación topográfica y cultural del lugar, se expresa en este proyecto pequeño y minucioso.

Una intervención cautelosa pero decisiva se concentra en el interior doméstico, donde las funciones se esconden detrás de las formas.

La vivienda está situada en el acantilado blanco de toba de Posillipo, ocupando una terraza llana a lo largo de una escalera que une la carretera a la costa. La construcción ya existía, sólo se han realizado alteraciones en el interior. Un caparazón de madera forma la cavidad de la entrada y el salón, hacia el cual la minúscula entrada se abre junto con la cocina y el dormitorio.

Los muros de madera de la planta baja alojan un guardarropa y los armarios de la casa. Las ventanas, así como la puerta hacia el pequeño balcón en el lado que da al mar, tienen gruesas carpinterías.

El aseo está situado en el lado opuesto de la entrada, parcialmente excavado en la piedra de toba. Expuesto en relieve dentro de la pared que linda con la roca existe un fósil retranqueado de una palmera itálica.

Fotografías: Mimmo Jodice

Las imágenes de esta doble página muestran el pequeño vestíbulo de entrada desde la zona que alberga la sala de estar, principal estancia de la vivienda.

Gray Organschi
Tennis House
Connecticut, EE UU

En el diseño de este proyecto se trató de negociar la relación entre las cualidades del lugar y su eventual rol como jardín, en el que una pista de tenis adquiere el máximo protagonismo.

Debido a que la tierras del fondo del valle estaban protegidas por una reciente normativa medioambiental, los espacios habitables del edificio tuvieron que limitarse a lo establecido por la ley. Sin embargo, los clientes presentaron un programa ambicioso que incluía dos vestuarios, un lavabo, habitaciones de servicios, una cocina con lavadero, una despensa, una habitación de literas y una sala de estar en el nivel de la pista de tenis. El recinto de la pista está configurado en tres de sus lados por muros de contención hechos de bloques de hormigón, mientras que el lateral opuesto al de la vivienda queda abierto, dejando libres las vistas sobre el estanque. Además, se plantó trébol y arveja hasta los bordes de estos muros, dándole ligereza a unos elementos que acostumbran a mostrar todo su espesor.

La pista de tenis aparece como si hubiera estado netamente cortada dentro del terreno, alineada al mismo nivel que el de la superficie del estanque. Dominando la pista en su final sur, la vivienda se encuentra empotrada en las colinas de modo que el muro de contención que configura la elevación trasera del edificio se transforma a lo largo de su longitud para crear una ducha exterior, un lavamanos para el lavabo, un muro que contiene la cocina y el lavadero, una escalera trasera, una chimenea interior, una barbacoa al aire libre y, finalmente, un depósito que recoge el agua de la cubierta.

A lo largo de la fachada que da a la pista, diez columnas y una "caja" de madera de ciprés que contiene los vestuarios y la ducha interior soportan la cubierta. La configuración trapezoidal de esta cubierta proporciona una esquina desde la cual puede desaguarse el agua pluvial.

Fotografías: Edward Hueber

Axonometría

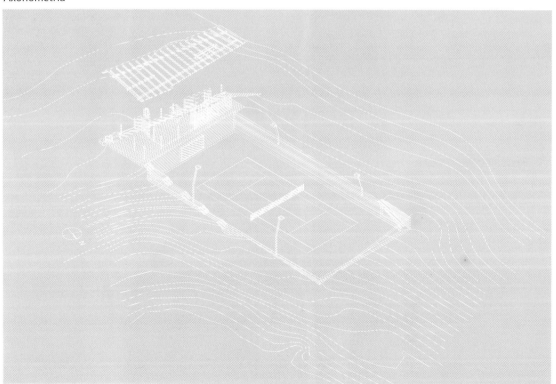

La vivienda se articula entorno a la pista de tenis y al estanque. Debido a ello, los espacios de estar principales, como la sala de estar o la terraza del piso superior, resultan idóneos para disfrutar de las vistas o de un partido de tenis.

George Ranalli
K-loft
Nueva York, EE UU

El proyecto consiste en la renovación de un desván en la ciudad de Nueva York para albergar la vivienda de dos artistas y su hijo.

El espacio existente era una habitación con paredes de ladrillo visto recorriendo el espacio en toda su longitud, y un techo de ladrillo con una serie de bóvedas catalanas entre secciones de acero desde la parte delantera a la parte posterior del desván. El programa consiste en la realización de dos nuevos dormitorios, un nuevo baño principal, una nueva cocina y un segundo baño. Además, los propietarios deseaban que se mantuviera la calidad y esencia del edificio original, que siguiera siendo palpable tras la actuación.

El proyecto finalmente realizado incluye una serie de volúmenes en el interior, que permiten preservar la continuidad del espacio.

Cada uno de esos volúmenes ocupa una posición importante para contener y producir espacio entre las formas. Dichos elementos son piezas de yeso pintadas de color blanco, en las que se inserta algún vidrio translúcido que permite el paso de la luz de una estancia a otra. Las esquinas se protegen con grandes paneles de contrachapado de abedul cortados en perfiles irregulares, que contribuyen a dotar de gran valor expresivo a estas piezas. Además, éstas se sujetan a las paredes de yeso mediante tornillos que conforman un dibujo.

Todas las puertas, lámparas, armarios y otros objetos decorativos están diseñados como parte del proyecto.

Fotografías: Paul Warchol

Axonometría

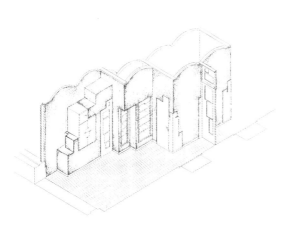 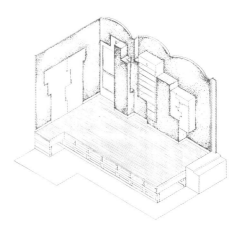

Para mantener intacta la sensación de espacio único y abierto, el arquitecto ha implantado una serie de volúmenes aislados, dentro de los cuales se sitúan las estancias más privadas. De esta forma, y gracias a la contante presencia del magnífico forjado abovedado de cerámica y de las paredes de ladrillo rojo, la sensación de continuidad es constante.

Axonometría

Claesson, Koivisto & Rune
Apartment in Stockholm
Estocolmo, Suecia

La tarea con que se enfrentaba este equipo de tres arquitectos consistía en crear una vivienda cómoda y despejada en un espacio muy reducido.

El apartamento, localizado en el centro de Estocolmo, tiene una superficie total de sólo 33,5 m² que contiene básicamente una sola habitación de planta abierta, con una terraza cubierta y un cuarto de baño revestido con losetas de mosaico azul conectado a la sala principal mediante una apertura pequeña, con una ventana deslizante grabada al ácido.

A pesar de su tamaño reducido, el apartamento dispone de todos los servicios necesarios. Los espacios auxiliares (armarios, lavaplatos, frigorífico, congelador, microondas, etc.) se encuentran empotrados u ocultados detrás de las puertas, produciendo una estética serena y minimalista para la vida doméstica. Aunque se ha utilizado el trabajo de varios diseñadores en el proyecto acabado, todo el mobiliario fijo ha sido diseñado por los mismos arquitectos.

Los muebles de la terraza se pueden trasladar fácilmente hacia el interior cuando se requieren más asientos, y el futón también sirva de sofá.

Por último, toda la iluminación y dos persianas automáticas se controlan desde un cuadro central. En la posición cerrada las persianas ocultan tanto las ventanas como la mesa de trabajo.

Fotografías: Patrick Engquist

Planta

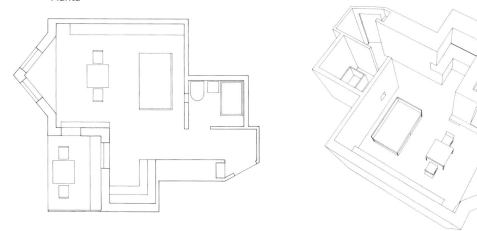

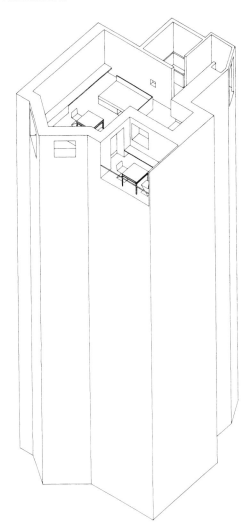

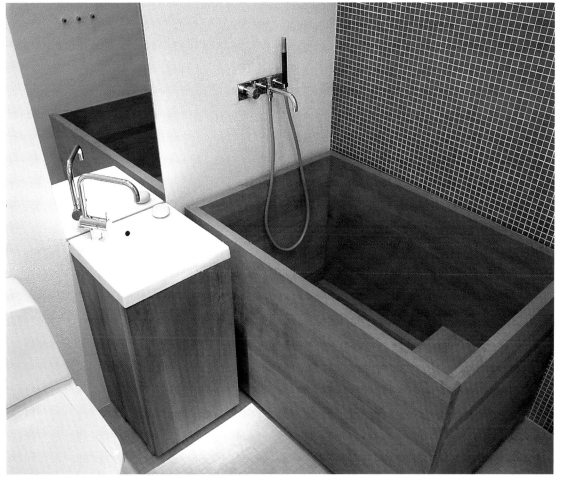

Marco Savorelli
Nicola´s Home
Milán, Italia

La apuesta entre el arquitecto y el cliente se basa en el concepto de desarrollo de las posibilidades de reorganización de un antiguo ático: partir de cero, trabajar en abstracto sobre las funciones y utilidades de un "home system", iniciando el proyecto con la recuperación de un espacio unitario, básico y elemental, adaptando las antiguas funciones a nuevas formas, simplificadas y mitigadas.

Este es un proyecto en el que la memoria histórica del lugar se ha combinado con una rigurosa investigación formal. Se trata de una equilibrada experimentación con los nuevos espacios que ha logrado mantener la calidad lumínica original. El resultado es una alternancia de volúmenes y ambientes, un intercambio fluido entre el espacio existente y el nuevo diseño.

Éstas son las características de un proyecto que se desarrolló a raíz de un intenso diálogo entre el arquitecto y el cliente, y que pretendía alcanzar una estética minimalista y al mismo tiempo una complejidad volumétrica y funcional. No se trata de un mero ejercicio de decoración interior, sino de la creación de volúmenes habitables de una manera totalmente innovadora y moderna. El espacio adquiere una calidad lúdica y reflexiva al mismo tiempo.

Cuando se accede a este apartamento se produce un impacto visual instantáneo, la percepción del espacio es como un flash, revelando el equilibrio entre materia y luz. Las huellas de la luz natural se proyectan delicadamente sobre las superficies, sombras en movimiento perpetuo que crean un juego simple y primordial de luz y sombra.

Sección

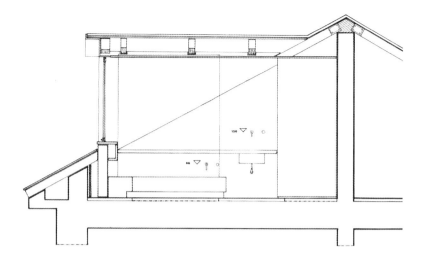

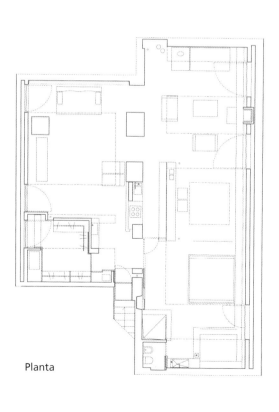

Planta

La distribución de los espacios sigue un plan abierto, con particiones mínimas y una búsqueda constante de fluidez y diálogo entre los distintos ambientes. El empleo una reducida paleta de materiales contribuye a la consecución de este objetivo.

La luz se ha tratado como un elemento constructivo más, cuya función consiste no sólo en la iluminación de la vivienda, sino en la definición de espacios dentro de la misma. En este sentido, la estratégica disposición de entradas de luz cenital contribuye a dotar al ambiente de una dimensión vertical muy peculiar.

MVRDV
Borneo House
Amsterdam, Holanda

En Borneo (Sporenburg) una vivienda destaca por su resolución y por las grandes posibilidades espaciales aplicadas dentro de su limitada envergadura.

Situado en la parcela 18, este apartamento mide 4,2 metros de ancho por 16 metros de altura y dispone de una terraza de doble altura en la fachada que da al canal. En un principio la normativa permitía únicamente la construcción de tres plantas, un piso alto al nivel de la calle y dos más por encima de él. A pesar de ello, este proyecto consiguió alcanzar las cuatro plantas mediante una construcción en bloques y el deslizamiento de uno de los cuatro niveles por la parte trasera.

Por otro lado, se trazó también una larga sección transversal con dos elementos "cerrados": un espacio con acceso directo a la calle que sirve de garaje, y otro bloque en el segundo nivel que sobresale del resto del conjunto, quedando en suspensión sobre la terraza y el agua, y que aloja el dormitorio y un lavabo. El espacio irregular restante de la casa —la cocina-comedor, la sala de estar y el estudio— se comunicó para que el paso de una estancia a otra fuera fluido y sencillo. Las habitaciones se diseñaron con diferentes alturas y grados de privacidad. Cada una de ellas está directamente conectada con el exterior a través de un acceso exclusivo, alineando en la fachada trasera la terraza de doble altura, una ventana en voladizo y una cubierta ajardinada en el ático.

Fotografías: Nicholas Kane

Axonometría

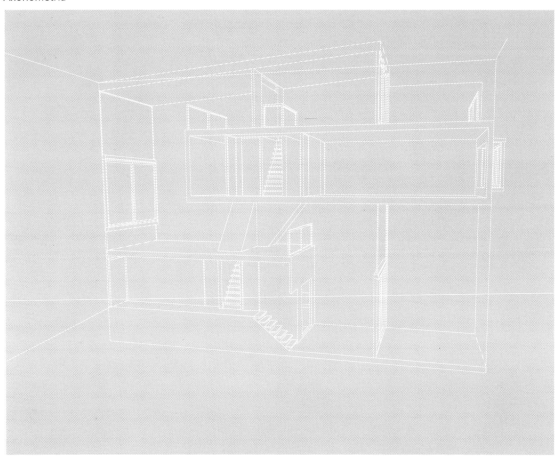

La organización de esta vivienda a partir de diferentes volúmenes desplazados permite disponer de un gran espacio a doble altura, la mitad del cual es una terraza cubierta que da al canal.

Planta baja

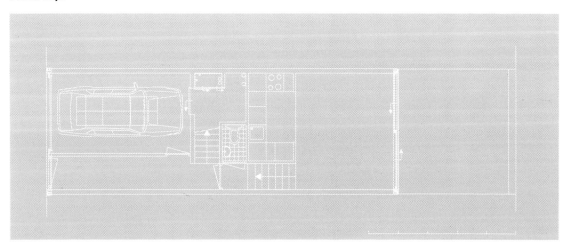

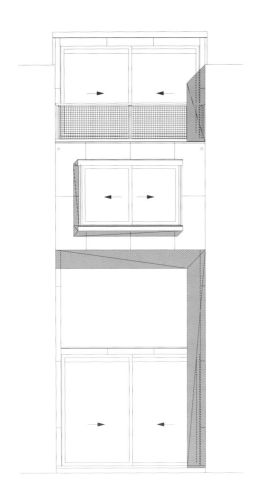

Alzado canal

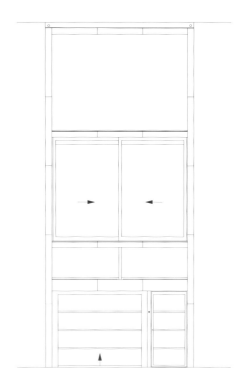

Alzado calle

111

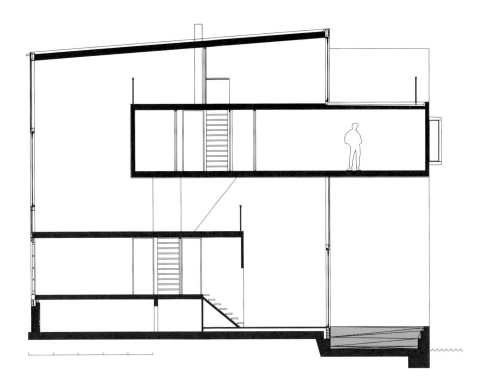

Secciones longitudinales

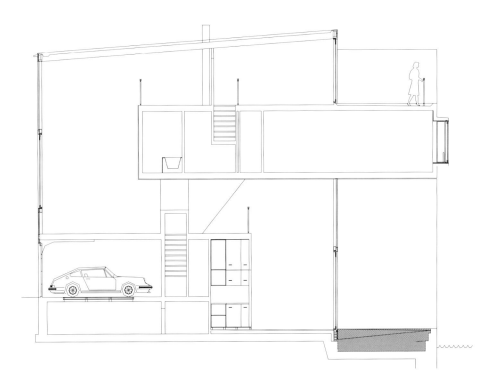

Calvi Merlini Moya
Apartment in Milan
Milán, Italia

La distribución original de este apartamento de finales de los años 50 ha sido completamente remodelada: se ha liberado la estructura, se ha eliminado el tradicional pasillo y se han rediseñado las habitaciones. El espacio de circulación, el núcleo de esta nueva vivienda, que goza de una nueva distribución espacial y un tratamiento sintácticamente eficaz, desarticulada de una manera rítmica, ha sido reinventado como si se tratara de una secuencia continua llena de sorpresas visuales, una sintaxis que conlleva una experiencia de inestabilidad, una incertidumbre calculada, un sentimiento de impermanencia. En pocas palabras, el virus curativo de la duda ha sido inyectado en este concepto de vivienda. La horizontalidad del espacio, creada y enfatizada mediante diversas líneas visuales que tienden hacia el exterior, se ve realzada por materiales tales como madera ribeteada a mano con sus vetas horizontalemente dispuestas. Reducidas superficies de color enmarcan o sirven como telón de fondo para precisar los elementos arquitectónicos. El espectro de grises de la mampostería central, claro en los espacios de circulación, y más oscuro en las particiones y la columna estructural, contrasta con el color blanco de la caja exterior. Los materiales han sido elegidos y trabajados con el fin de transmitir emociones y tener un rendimiento satisfactorio. El acabado de la madera de pino de Douglas y las puertas de madera de alerce son difíciles de describir: hay que tocar, abrir, hacer girar y deslizar las distintas (y poco convencionales) puertas que diseñan este espacio.

Fotografías: Andrea Zani

El comedor visto desde el vestíbulo, cerrado por una estructura oval compuesta por dos biombos de madera de arce.

Todos los paramentos verticales perimetrales se han revestido de mármol blanco. Los centrales se han tratado con diversos tonos de gris. La iluminación es a base de lámparas encastradas en el techo, y el solado es de cerezo americano.

Simon Conder & Associates
Flat conversion in Primrose Hill
Londres, Reino Unido

El cliente, una abogada y su familia, quería renovar y aumentar la superficie de su casa del siglo XIX con patio en la parte trasera, situada en el norte de la ciudad de Londres. La conversión del lugar debía realizarse por etapas a medida que los recursos lo permitiesen. Así, la primera fase del proyecto incluyó la creación de un espacio privado en la parte superior de la vivienda. Este área debía explotar tanto el espacio inutilizado bajo la cubierta como las vistas hacia la parte trasera de la vivienda.

Este objetivo inicial se alcanzó mediante la sustitución de la cubierta original por una nueva estructura de acero que incorpora un lucernario que va de lado a lado y que se encuentra situado en la parte posterior del edificio. Debajo de esta nueva cubierta se encuentra la zona de dormitorio separada del resto mediante una barandilla de cristal y a la que se accede mediante una escalera de acero inoxidable y roble.

Bajo esta galería se encuentra un ovalo autoportante de cristal translúcido que contiene el lavabo, la placa de la ducha y el inodoro. Su centrada ubicación garantiza una degradada separación entre la zona de estudio, en la parte posterior, y la amplia zona de estar situada en la parte delantera de la vivienda. Por la noche, la luz que proviene del interior del ovalo se convierte en la principal fuente de luz del conjunto.

Los materiales incluyen paredes y techos pintados con pintura plástica, suelos de madera barnizada, cristal translúcido para las paredes del baño, suelo de madera perforada encima de una lámina ovalada de fibra de vidrio para el suelo del baño y acero inoxidable para la estructura portante del baño y el mobiliario sanitario.

Fotografías: Jo Reid, John Peck

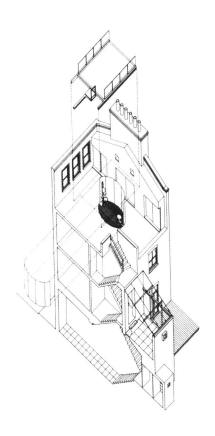

Axonometría

Rick Joy
Convent avenue studios
Tucson, EE UU

El arquitecto Rick Joy ha creado dos apartamento modernos al tiempo que ha respetado el pasado histórico del paisaje desértico y sus tradiciones materiales. De esta manera, se diseñaron dos nuevos espacios de vivienda como una estructura simple que evoca la rusticidad del adobe con un sistema de construcción tradicional.

Comenzando con simples formas, a modo de naves, que se pueden adecuar como piezas de un puzzle sobre un pequeño espacio de tierra, Joy ha desarrollado una planta con forma de cuña para las viviendas. Esa forma angular se abre hacia los espacios abiertos entre las construcciones, lo que crea varios patios privados que contribuyen a ampliar las reducidas zonas de los apartamentos.

Pese a que las normativas permitían al arquitecto ubicar las viviendas a lo largo de la línea de propiedad, éste decidió colocarlas retranqueadas respecto a aquélla con objeto de abrir ventanas al norte y al sur, y crear toda una secuencia de patios que se reparten por los interiores.

Dentro, destacan los gruesos muros y los rústicos travesaños de madera de la cubierta, los pavimentos de hormigón y las carpinterías de madera de pino. La luz del sol es, además, un elemento fundamental en el proyecto –casi totalmente cegada en el este y oeste– y suavemente filtrada en el dormitorio a través de un lucernario y de ventanales que enmarcan pequeñas vistas exteriores de los patios.

La organización y distribución de las diferentes zonas de estas viviendas se diseñó con simplicidad pero teniendo en cuenta sus limitaciones espaciales. Se optó por permitir una fluida comunicación entre la cocina y la sala de estar, separadas únicamente por una barra que hace las funciones de mesa y en la que se encuentran los fogones. Por otro lado, la disposición de un altillo, al que se accede por medio de una escalera adosada a la pared, proporciona un ambiente adicional que queda semioculto tras una librería.

Fotografías: Rick Joy

Planta baja

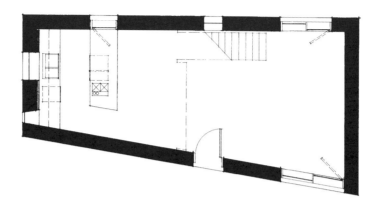

Alzado principal   Sección longitudinal

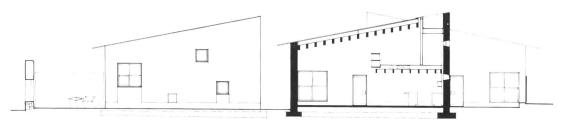

Planta entreplanta

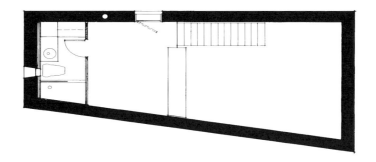

El interior de la vivienda se ha organizado de forma que quede un espacio de doble altura y bien iluminado para la zona de estudio.

Arnaud Goujon Architecte DPLG
Transformed penthouse
París, Francia

En el corazón de París, el arquitecto Arnaud Goujon ha transformado un antiguo invernadero situado en lo alto de un bloque de pisos, en un pequeño y cómodo refugio dotado de una terraza con unas vistas únicas. Concebido como una extensión del apartamento del ático, este volumen pronto se convertiría en la estancia predilecta de este hogar.

Se trata de un proyecto en el que la volumetría inicial ha sido respetada y en el que su estructura de acero se ha visto superpuesta por un nuevo armazón de madera. En el exterior, las tablas de ripia utilizadas son de cedro rojo de Canadá, mientras que los muros interiores están realizados de paneles de moabi.

El principal trabajo para el arquitecto en esta rehabilitación, además de los problemas técnicos, consistió en diseñar y distribuir los diferentes espacios del apartamento, así como solucionar los problemas de la ejecución y ensamblaje de los diferentes materiales. La ausencia de fijaciones vistas en los paneles murales del interior ayudan a ampliar y unificar el volumen de la pieza principal. Una estancia que se abre a ambos lados sobre una terraza de 50 m^2, recubierta con una tarima de madera de jatoba, y ofreciendo unas espectaculares vistas sobre el paisaje urbano.

Las estancias del interior de esta singular vivienda se reducen a una sala de estar, con una cocina abierta e integrada, en la que se encuentra una chimenea enmarcada entre dos estanterías, y un pequeño dormitorio con su cuarto de baño. Esta habitación disfruta del beneficio de dos focos de luz natural que iluminan esta zona más íntima: una pequeña ventana en el muro trasero y una claraboya situada sobre la cama. El suelo del interior se realizó en parqué de castaño recubierto de una pintura de poliuretano de color blanco que reduce la saturación de color y da frescura al conjunto.

La madera, escogida por sus cualidades plásticas y estructurales, es utilizada como una doble piel: suave y preciosa en su interior, y robusta y áspera en el exterior. Así, aunque este material orgánico se contrapone con el carácter urbano de un entorno en el que el acero es el principal protagonista, su forma está inscrita dentro del patrón geométrico del edificio.

Fotografías: Joel Cariou

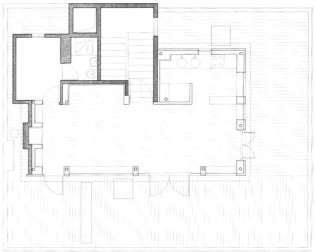

Luigi Ferrario
Home studio for a graphic designer
Bergamo, Italia

Un espacio conformado por el insólito interior de una casa tradicional dividida en tres niveles, representa el lugar en el que Luigi Ferrario experimenta, a través de un lenguaje muy personal, la vocación de dialogar con formas y materiales sedimentados a lo largo del tiempo. El caparazón arquitectónico se caracteriza por un volumen vertical de tan sólo 7 m², en los que se desarrollan un baño, una escalera, una cocina en planta baja y un sofá-cama frente a una antigua chimenea, que se conectan en planta alta con una zona de trabajo distribuida en sentido horizontal respecto al area doméstica.

El espacio doméstico se identifica con una entrada en la planta intermedia, y una escalera cubierta por una bóveda que conecta el patio y da la espalda al estudio y al espacio de vivienda en planta alta.

La totalidad del proyecto se centra en la conexión entre la entrada y los servicios, distribuidos en un entorno sencillo, estrecho y de marcada verticalidad, que se conecta con el ático. Una pequeña abertura creada en la época de la primera construcción del edificio y ubicada en el final de la bóveda que cubre parcialmente la escalera original, representa una cavidad natural de sólo dos metros cuadrados que proporciona el acceso a la planta siguiente.

La introducción de una estructura de hierro, vidrio y madera juega a modificar el espacio y conecta los dos niveles: mediante estudiados añadidos y sustracciones mínimas (demoliciones), lo que ha hecho posible dotar a la vivienda de todas las funciones necesarias para la vida doméstica, sin tener que subdividir el espacio disponible para obtener los huecos necesarios, con el fin de desarrollar los servicios indispensables de la cocina y el baño.

Fotografías: Alberto Piovano

El baño y la pequeña cocina, situados en planta baja, se organizan de forma que no es necesario subdividir excesivamente el espacio. Tal como se observa en esta página, el baño se cierra mediante una puerta corredera de cristal satinado.

Claesson, Koivisto, Rune
Private apartment / Town house
Estocolmo, Suecia

El equipo de arquitectos formado por Mårten Claesson, Eero Koivisto y Ola Rune han sido los responsables de la intervención en dos apartamentos en el centro de Estocolmo.

En el primero de ellos, un encargo de un joven empresario con poco tiempo libre, se buscó organizar un pequeño hogar para convertirlo en un espacio sereno en el que "recargarse" tras largas jornadas de trabajo y viajes. Se decidió mantener una mitad, la sala de estar, original y hacer el resto, dormitorio, cocina y baño, completamente moderno. El plan se ideó para conseguir fluidez visual entre las diferentes estancias. Por ello, y para comunicar los espacios de una manera simple y funcional, se diseñaron dos nuevas estructuras. Una esquina curvada parte de la entrada hasta el primer axis a lo largo del lavabo, la cocina y el dormitorio. El segundo axis de intersección va desde la cocina hasta el comedor, donde se levantó un muro provisto de un hueco que sirve de repisa.

El resultado final fue un apartamento espacioso, cómodo y lleno de luz.

El segundo proyecto se enmarca en un edificio de estilo neoclásico de principios del siglo XX. El cliente adquirió todo el inmueble, y decidió remodelar dos de los pisos para transformarlos en su vivienda particular: un apartamento luminoso y con salida al jardín.

El espacio había sido utilizado anteriormente como pequeñas residencias y había sufrido numerosas modificaciones durante décadas. Para crear una sensación de amplitud, la mayoría de las paredes fueron derribadas, mientras que se dejaron los suelos, las ventanas y los radiadores originales. Una de las principales intervenciones fue la creación de un complejo hueco de escalera entre los dos pisos, provisto de aberturas acristaladas como las de las iglesias. En el piso superior destaca el moderno diseño del lavabo, en el que toma protagonismo una bañera alta, diseñada por los arquitectos y enmarcada estratégicamente, de manera que desde ella se pueden apreciar unas vistas panorámicas sobre el puerto de Estocolmo.

Fotografías: Patrick Engquist - Åke E: Son Lindman

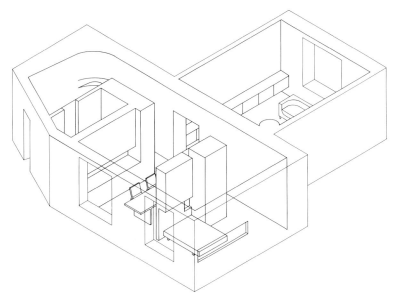

La geometría de este proyecto se distingue por su simplicidad y funcionalismo. Las formas rectas y el contraste entre los diferentes materiales empleados agudiza los volúmenes de nueva creación, otorgando a su vez un aire moderno a todo el proyecto.

Axonometría

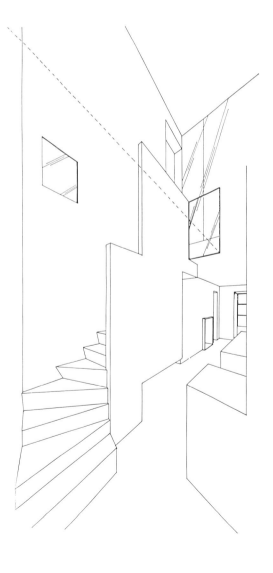

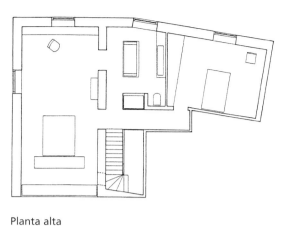

Planta alta

Planta principal

Mauro Galantino
& Federico Poli (Studio3)
Casa sul lago d'Orta
Orta S. Giulio, Italia

A orillas de un lago, en pleno barrio gótico de una población italiana no muy lejana de la ciudad de Milán, se encuentra este curioso edificio. Se trata de una construcción que preserva de manera casi intacta la verticalidad mediante las dos murallas medievales que definen los linderos y las partes del muelle.

Esta rehabilitación fue realizada sobre ruinas, los techos estaban deteriorados y gran parte de la superficie estaba edificada sobre la arena del lago. Según investigaciones, este edificio sufrió una reconstrucción parcial en el siglo XIV, con la excepción del muelle que fue proyectado en el siglo XIX. A simple vista, parece una rehabilitación sencilla: un microcosmos residencial productivo. Las zonas domésticas, como los dormitorios y el salón, se organizan verticalmente en la "torre" norte, mientras que abajo, en el lugar del establo, el gallinero, el jardín y el muelle se organizan en función del lago.

Esta casa, empleada como segunda residencia, ha respetado las exigencias requeridas para la conservación del patrimonio cultural, lo que permitió la reconstrucción de volúmenes, cerramientos y materiales. El trabajo ha estado enfocado en dos direcciones: por una parte, a la adaptación a las nuevas funciones de la estructura residencial y por otra, la rehabilitación de estructuras arquitectónicas, obedeciendo las normativas sobre el empleo de materiales pero sin sacrificar las posibilidades de una nueva percepción de las partes rehabilitadas.

El resultado ha sido un espacio residencial compuesto por un salón donde prevalecen dos alturas, conformando así un espacio horizontal dispuesto como un paralelepípedo que en su extremo sur tiene un muelle cubierto y al otro, una "torre" con habitaciones.

Fotografías: Alberto Muciaccia

Las escaleras conducen a las distintas plantas de la "torre" que se ubica en el extremo norte de la residencia. Allí se encuentra el dormitorio principal. El otro extremo sur lo configura el muelle del lago Orta.

Nick McMahon
66 St. John Street
Londres, Reino Unido

St. John Street, una calle situada en uno de los últimos centros históricos que quedan en Londres, se está convirtiendo rápidamente en una zona residencial de alto nivel, a medida que la zona aloja nuevos restaurantes, bares y tiendas. Estos nuevos servicios y una situación geográfica muy ventajosa, a sólo unos minutos del centro financiero de la ciudad, han hecho que mucha gente haya trasladado aquí su residencia. Otra característica importante de la zona es que, aunque de día es ruidosa y activa, por las noches y fines de semana está libre de todo ruido o de tráfico, ya que no forma parte de ninguna ruta vehicular de la ciudad. Este proyecto persigue la creación de apartamentos cómodos y únicos que optimicen los servicios que ofrecen el edificio y la ciudad, con acogedoras terrazas y una estructura flexible en relación a dimensiones y aberturas.

A partir de una estructura tridimensional claramente ordenada, el objetivo era establecer un sistema para utilizar la estructura existente y ampliar su potencial mediante cortes y capas. La ambición de los arquitectos era crear una serie de apartamentos únicos que al mismo tiempo se relacionaran unos con otros: como la colección que define el conjunto.

El esquema resultante consiste en unidades de vivienda que nacen de la aplicación de un sistema de muros dipuestos diagonal y ortogonalmente respecto a la envoltura ortogonal original, rompiendo de este modo el rígido orden existente y albergando un espacio para cristalizar las limitaciones tridimensionales. Esta solución resultó en una reducción de las zonas comunes y en una serie de 14 unidades de habitación distintas que definen un puzzle tridimensional que puede ser montado sólo de una manera para encajar en el envoltorio externo y en el mapa estructural. Las unidades de habitación constan de una o dos plantas cuya compleja estructura interna se deja entrever en el ventanaje de la fachada.

Fotografías: Richard Glover

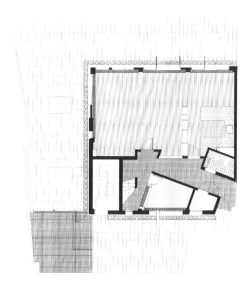

Para los apartamentos se barajaron conceptos liga-
dos a la vida urbana tales como interdependencia,
comunidad, interacción, seguridad e identidad indi-
vidual, tan poco considerados en la mayoría de soluciones para viviendas de varios pisos. Estos criterios
intangibles se han adaptado a las normas que ha
generado el espacio físico.

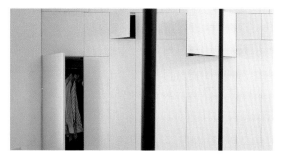

Andrea Modica
Duplex in Milano
Milán, Italia

El espacio que ocupa esta vivienda fue antiguamente un palacio destinado a centro de congresos, de ahí la presencia de grandes ventanas en las paredes.

El edificio se fraccionó en pequeños y austeros apartamentos, aunque manteniendo un aspecto insólito dentro de un ambiente muy luminoso.

El atrevido color anaranjado de una de las paredes longitudinales destaca en la disposición de tonos neutros y apagados que predominan en toda la vivienda. Para no interrumpir las grandes ventanas en el único espacio de sólo 32 m^2, se adecuó un altillo para el dormitorio y el vestidor, proporcionando así casi 21 m^2 para la zona de noche. A este espacio se accede a través de una escalera de caracol metálica situada junto a la pared coloreada que evita una excesiva presencia de los tonos fuertes.

La fuerte luminosidad de este apartamento respon- de al gusto nórdico de sus propietarios, por lo que no hay ningún tipo de cortina o persiana en las ventanas. De esta manera el horizonte queda libre y la casa está siempre inundada de luz natural.

El pavimento es igual en toda la vivienda, baño incluido, y está diseñado con tablas de abeto blanqueadas de 20 cm de anchura y de hasta 4 m de longitud.

La cocina queda delimitada por el espacio de unos muebles hechos a medida y realizados por el interiorista en DM, un material constituido por paneles de fibras de madera y resina que resulta ser altamente resistente a los golpes.

El vestidor se encuentra justo detrás del dormitorio y su acceso se realiza a través de dos pequeñas aperturas situadas simétricamente a ambos lados de la cama, protegidas únicamente por unas finas telas translúcidas.

Fotografías: GiulioOriani Vega MG

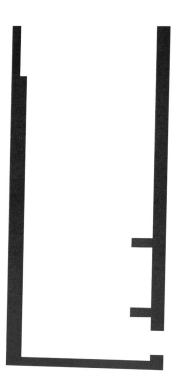

Planta alta

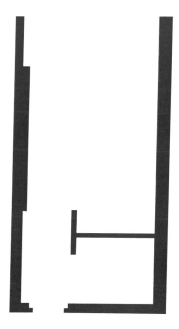

Planta principal

Ove Rix
House in Arhus
Arhus, Dinamarca

Ubicada en un bello paisaje de pequeñas islas, sobre una porción de tierra en ligera pendiente que muere en una playa a mar abierto, este pequeño refugio de vacaciones, originalmente construido en 1904, fue comprado y restaurado por el arquitecto Ove Rix para albergar su segunda residencia.

El edificio reposa sobre una pequeña colina con espléndidas vistas sobre la bahía de Arhus, mirando hacia Helganaes. La casa está prácticamente rodeada de agua.

En el exterior, la restauración se ha basado en olas formas y materiales de la tradición constructiva danesa para la construcción de viviendas.

Sin embargo, este aspecto tradicional contrasta de forma radical con la atmósfera totalmente renovada y moderna de las habitaciones interiores, antiguamente cerradas e introspectivas, y hoy casi abiertas al mar y al paisaje salvaje del entorno.

La nueva intervención ha creado espacios comunicados a través de una nueva caja de escalera. El mobiliario, el diseño mínimo y escueto, se combina con los colores brillantes, inspirados en algunos tonos de la naturaleza, que la artista Emil Gregesen ha seleccionado, dotando al anterior de un valor particularmente gráfico.

"Las exigencias de los primeros propietarios eran distintas. Estos deseaban una construcción cerrada y cálida, sin embargo, nosotros hemos abierto la casa al bellísimo paisaje", comenta Ove Rix, "ahora, cuando uno se sienta dentro de esta vivienda, puede sentir que está sentado en plena naturaleza".

La vivienda se abre hacia el mar y la naturaleza que la rodea a través de generosas aperturas acristaladas. La chimenea se encarga de separar la cocina de la zona de estar.

Philip Gumuchdjian

D.P. Think Tank / Boathouse

Skibbereen, Country Cork, Irlanda

Ubicada en el río Ilen, en el oeste de Irlanda, este edificio se concibió como un refugio para un conocido productor de cine.

En su arquitectura se refleja un amplio abanico de referencias: cobertizos para guardar embarcaciones, graneros, establos, chalets y una perspectiva europea de los pabellones japoneses. El edificio resuelve estas referencias a través de una expresión simple de su estructura, cubierta y pantallas protectoras. El elemento dominante en el diseño de la vivienda es la estructura de la cubierta a dos aguas que protege tanto físicamente como psicológicamente de las abundantes precipitaciones que acostumbran a caer en esta zona. Para conformar su legibilidad como una estructura aparentemente cerrada que se asemejara a un objeto simple y atemporal, fue crucial establecer una clara jerarquía sobre los diferentes elementos arquitectónicos (cubierta, estructura, pantallas y cristaleras).

La transparencia y las lamas se desplegaron para mantener el edificio abierto a los elementos pero también enmarcar las vistas así como para proporcionar la protección y privacidad que se buscaba para esta vivienda.

Los materiales de la estructura fueron seleccionados para yuxtaponer aquellos elementos "estables", como el cristal y el acero inoxidable, contra los materiales altamente cambiables y expuestos a la intemperie: las tablas de cedro de la cubierta, las lamas, el suelo y la estructura de madera de iroko.

Orientada hacia los vivos colores y los reflejos del lugar —el verde de los campos, el azul plateado del río, los dramáticos azules y grises del cielo— el edificio hace de espejo y cambia constantemente de tonalidades, de la misma manera que la cubierta y las estructuras de madera se oscurecen cuando están húmedas y se emblanquecen bajo los rayos del sol.

Fotografías: W. Hutchmacher / ARTUR

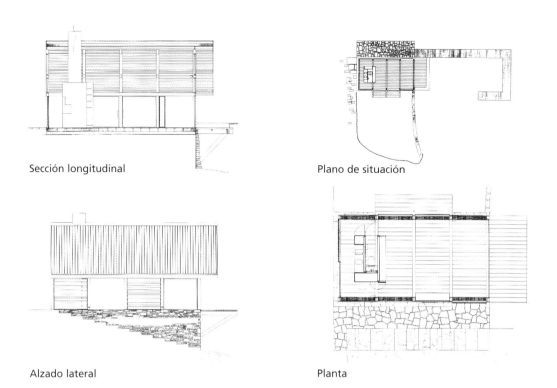

Sección longitudinal

Plano de situación

Alzado lateral

Planta

Un alargado embarcadero extiende la casa sobre el río, creando no sólo un espacio de escape sino también una perspectiva desde la cual se puede apreciar el interior.

Carles Gelpí i Arroyo
Casa Cloe
Barcelona, España

Esta casa unifamiliar es fruto de la reconversión de un edificio entre medianeras de planta baja y dos pisos destinado a almacén de frutas, situado en la calle de casas bajas de menos de 5 m de crujía y más de 20 m de profundidad dentro de la trama del barrio de Gràcia y muy cerca de la Plaça de la Llibertad, en Barcelona.

La sección del inmueble es variable en profundidad, con una planta baja de 15 m, un primer piso de 12 m y un segundo de 7, 5 m, con la fachada plana, y retranqueándose en el interior del patio de manzana.

La intervención se ha basado en la colocación de la escalera interior del inmueble que comunica la planta baja con las dos plantas del piso. Su posición cercana a la fachada, y paralela a ésta, la convierte en un elemento escultórico exento, aunque presente desde cualquier estancia de la casa. Es ella la que ordena o jerarquiza las diferentes piezas que comunica, en planta y en sección.

La planta baja es una sucesión de plataformas que van subiendo desde la entrada hasta el patio, haciendo que en cada escalón haya un uso, separado de los otros sólo por el desnivel. Esta planta acoge el acceso, la cocina y la zona de ocio interior-exterior, el estar-comedor y el patio-jardín, donde una terraza-estanque se vierte sobre un jardín de cantos rodados blancos.

En el primer piso se ubican las estancias de la propiedad: el dormitorio-suite con tierra propia, una salita central y el estudio. La utilización de volúmenes bajos entre plataformas permite privatizar las estancas entre ellas y en relación a los otros pisos.

El último piso lo ocupa la habitación de niños-invitados-desván y es un espacio diáfano dividido en dos ámbitos por la escalera que conduce a una terraza orientada al patio de manzana.

Fotografías: Eugeni Pons

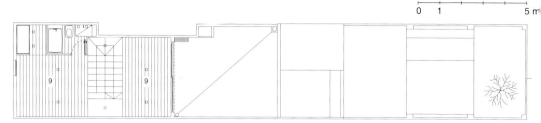

Planta segunda

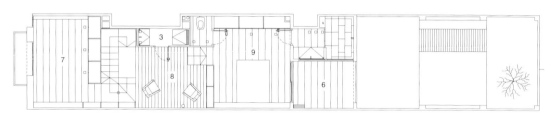

Planta primera

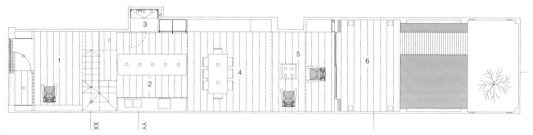

Planta baja

| 1. Vestíbulo | 3. Lavadero | 5. Salón | 7. Estudio | 9. Habitación |
| 2. Cocina | 4. Comedor | 6. Terraza | 8. Foyer | 10. Baño |

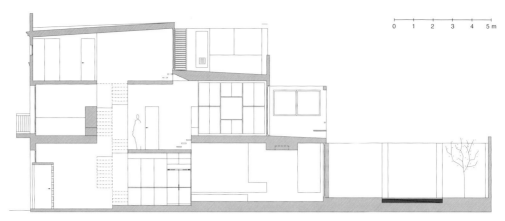

Sección longitudinal

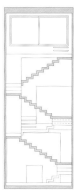

Sección XX

Sección YY

Fachada posterior

La escalera interior se ha tratado como un elemento escultórico exento que permite ordenar y jerarquizar la diferentes piezas que comunica, en planta y en sección.

En el primer piso se ubican el dormitorio-suite con terraza propia, una salita central y el estudio. La utilización de volúmenes bajos entre plataformas permite privatizar las estancias entre ellas y en relación a los otros pisos.

Camagna Camoletto Marcante
Casa Lanzo-Ruggeri
Turin, Italia

La Casa Lanzo-Rufferi es un ático ubicado en la cuarta planta de un edificio del siglo XVIII, en el centro barroco de Turín. La intervención formaba parte del programa de reestructuración completa del inmueble. El proyecto preveía la rehabilitación global del ático, con una superficie de 90 m² que se desarrolla en dos niveles. La intervención comprendía la sustitución parcial de la estructura portante de ladrillo y el techo de madera por un sistema metálico. Se ha querido crear un apartamento con una fuerte organización jerárquica de los espacios y de las funciones.

En el primer nivel, una escalera flotante se desarrolla frente al acceso, donde la altura del techo es menor. La reducida sección de la estructura metálica del techo con respecto a la estructura original de madera garantiza la máxima habitabilidad de la sala de estar en el nivel superior.

La cocina se asoma directamente a la sala de estar, de la que se separa con otro tipo de pavimentación y con un desnivel del techo. En la parte más baja del techo se ha recuperado una cómoda despensa. Una amplia sección de vidrio hace las veces de vehículo de luz natural y artificial, también filtra las relaciones verticales y horizontales entre las estancias principales.

Fotografías: Emilio Conti

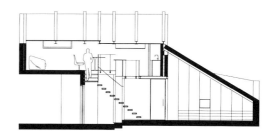

Sección A

Sección B

Planta primera

1. Entrada
2. Lavadero
3. Baño
4. Dormitorio
5. Salón-comedor
6. Cocina
7. Despensa

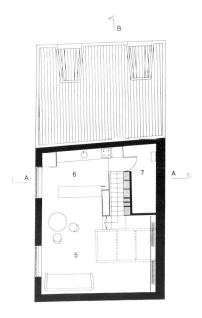

Planta segunda

Sarah Featherstone
[Featherstone Associates]

Voss Street House

Londres, Reino Unido

El proyecto consistía en desarrollar un programa de múltiples usos, incluyendo una tienda que da a la calle Bethnal Green, un estudio independiente y, encima, una casa con dos dormitorios. El arquitecto y propietario de la casa tuvo que tener en cuenta dos aspectos básicos a la hora de realizar el diseño: la necesidad de aislar la vivienda de la calle, de intensa actividad comercial, y superar las severas limitaciones de espacio del solar, de sólo 4 m de ancho.

Las restricciones espaciales fueron resueltas mediante la disposición de espacios diáfanos, con techos altos y sin pasillos. Para conectar los distintos niveles, se construyó una escalera espiral de forma rómbica, cuya mayor parte del volumen sobresale hacia el patio interior.

Para obtener la privacidad necesaria y una abundante luz natural, se dispusieron las habitaciones alrededor del patio central, con todas las ventanas interiores. En la pared sur no hay ninguna ventana, la única que se dispuso en la fachada norte es de vidrio al ácido para que pueda penetrar la luz sin que pueda verse el interior desde la calle.

La casa se ha convertido así en un refugio, dando la espalda a la calle y proporcionando, al mismo tiempo, una gran cantidad de luz y espacio, superando las limitaciones de su peculiar localización.

www.featherstone-associates.co.uk

Fotografías: Tim Brotherton

Para asegurar la privacidad del interior y proporcionar más luz al edificio, las habitaciones se disponen alrededor del patio central, escalonadas en seminiveles y orientadas hacia el interior.

Sección longitudinal

0   2m

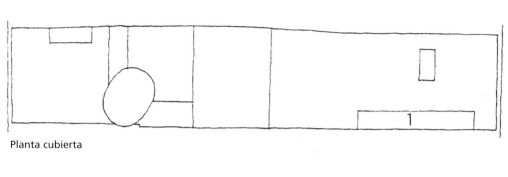

Planta cubierta

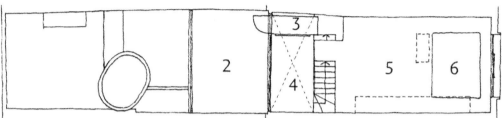

Planta segunda-tercera

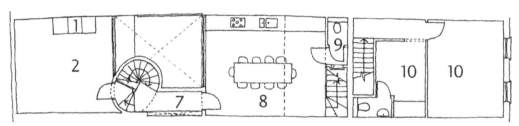

Planta primera-segunda

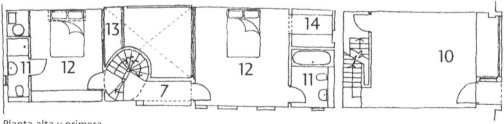

Planta alta y primera

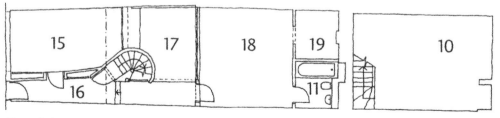

Planta baja

1. Claraboya
2. Terraza
3. Puente
4. Hueco de doble altura
5. Sala de estar
6. Zona social
7. Descansillo
8. Cocina-comedor
9. WC
10. Tienda
11. Baño
12. Habitación
13. Balcón
14. Vestidor
15. Garaje-almacén
16. Vestibulo
17. Patio
18. Estudio
19. Cuarto auxiliar

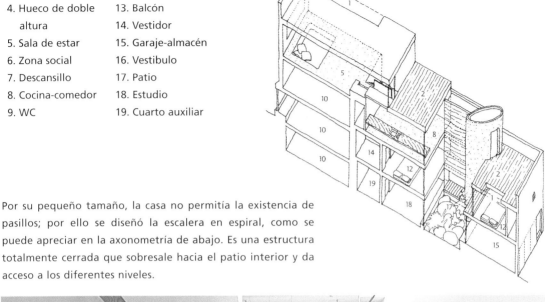

Por su pequeño tamaño, la casa no permitía la existencia de pasillos; por ello se diseñó la escalera en espiral, como se puede apreciar en la axonometría de abajo. Es una estructura totalmente cerrada que sobresale hacia el patio interior y da acceso a los diferentes niveles.

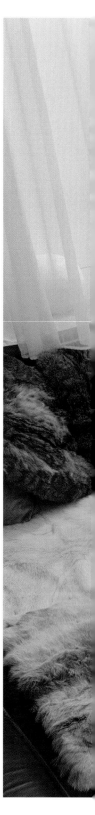

Criteria Artquitecthos
Edificio Criteria
Barcelona, España

El edificio está situado en la parte alta de Barcelona, frente a un antiguo parque denominado "Piscinas y Deportes" dedicado al deporte y al ocio. El proyecto forma parte de una nueva zona residencial, comercial y de oficinas a lo largo de la calle Doctor Fleming.

La planta baja del edificio sigue una concepción unitaria acentuada por un patio por el cual se accede al conjunto. La planta primera se ha destinado a oficinas y tiene una entrada independiente en la que predomina la pizarra y el hierro oxidado. La planta tipo se dedica a apartamentos de una, dos, tres y cuatro habitaciones.

El ambiente cómodo de estos apartamentos se obtuvo configurando los espacios para conseguir la máxima amplitud. Las líneas visuales permiten reconocer todo el apartamento desde un punto central. Se dexscubre entonces que no existen hitos singulares ni diseños llamativos, al contrario, se trata de crear una atmósfera algo atemporal y serena, huyendo de los acentos que podían darle las modas pasajeras. Se buscó el confort sin concesiones. Los aspectos prácticos no debían representarse sólo a través del funcionamiento correcto sino que se exigiría una garantía a lo largo del tiempo.

El apartamento de una habitación está constituido por una sala de estar-comedor que da a una cocina abierta completamente equipada. La sala de estar-comedor queda conectada con una terraza a la que también da al dormitorio principal. Se han utilizado tonos claros y suaves para crear un ambiente con sensación de amplitud a pesar de su reducida superficie.

El cerramiento vertical del edificio está constituido por una fachada ventilada de piedra ámbar, e interiormente mediante una pared de ladrillo sobre la que se ha proyectado una capa de aislamiento térmico. Entre la hoja exterior de piedra y la interior del cerramiento, el aire circula libremente evitando una ganancia térmica excesiva del edificio durante la época de alto soleamiento.

Fotografías: Jordi Miralles

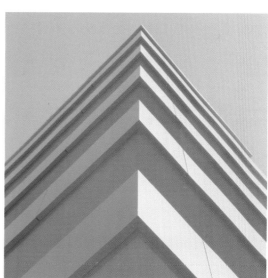

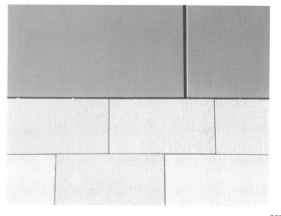

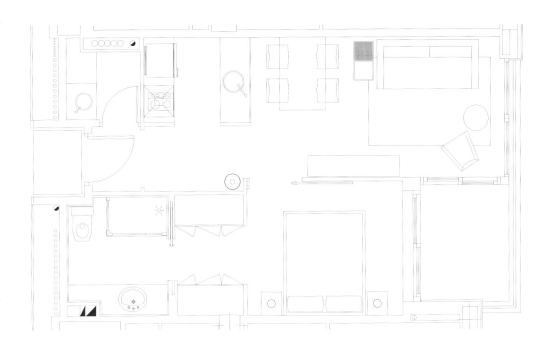

Christophe Lab, architecte
Film House
París, Francia

La localización para esta vivienda, un solar largo y estrecho (aproximadamente, 35x4,5 m) que cruza de una calle a otra y está rodeado de medianeras por ambos lados, constituía un serio desafío para el arquitecto: diseñar una vivienda confortable con luz y espacio suficientes. La profesión del cliente, estrechamente relacionado con la industria del cine, proporcionó la inspiración para el diseño de la casa, con vistas "encuadradas" y espacios "secuenciales".

La fachada de hormigón de la casa —cuya planta adopta la forma de una tira de película— se ha concebido como una cámara oscura, con una lente gigante por la que penetra luz en la segunda planta y, por debajo, unas puertas correderas de vidrio que proporcionan el acceso. Pero esta "casa-cámara" es también una "casa-pantalla": una proyección dentro de la propia cámara.

Como resultaba imposible disponer vistas laterales a lo largo de la construcción, se necesitaba desesperadamente encontrar una alternativa para que la luz llegara al interior de la vivienda. Un patio cilíndrico cubierto hace llegar luz natural al centro de la casa, donde apenas alcanza la luz proveniente de las fachadas frontal y trasera.

Las paredes de este patio central se han pintado con un amarillo brillante y alegre, como contraste al gris sobrio de la moqueta y el techo, a la vez que canaliza y refleja una luz cálida y difusa a los dos pisos que atraviesa.

A ambos extremos del edificio, se reservó espacio para un garaje, concebido como una extensa caja de herramientas, y para un jardín, que puede verse como extensión de la sala de estar durante los meses de verano. En el segundo piso, unas escaleras llevan hasta la azotea.

Fotografías: Anna Khan

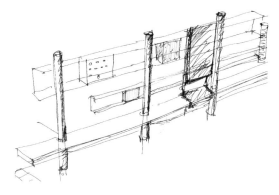

El pato cilíndrico, pintado con un color brillante, se ha dispuesto de forma estratégica en el centro de la vivienda para canalizar el máximo de luz a su interior. La escalera del segundo piso sube hasta la azotea.

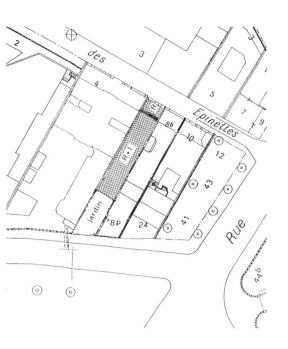

Las columnas dispuestas a lo largo de la casa desempeñan una función tanto estructural como estética. La sala de estar puede abrirse completamente al jardín. Los bastidores de las ventanas y puertas correderas es de aluminio; la fachada es de hormigón pulido con una emulsión a base de cera.

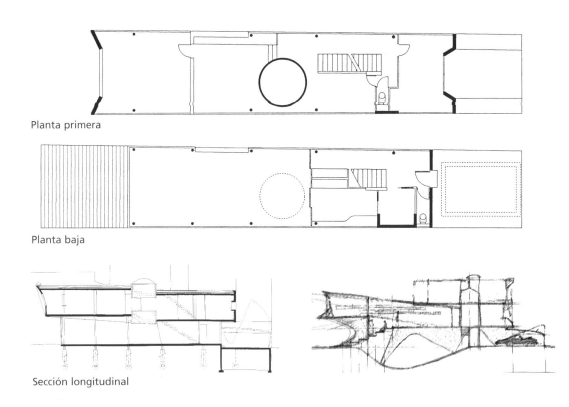

Planta primera

Planta baja

Sección longitudinal

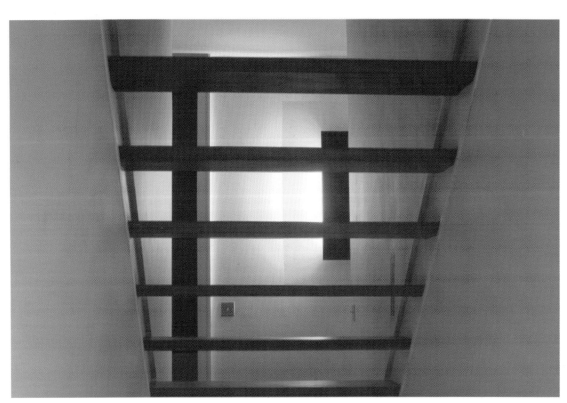

Robert M. Gurney, FAIA
Fith / O'Rourke Residence
Washington DC, EE UU

El proyeto del propietario comprendía una residencia con dos dormitorios y dos estudios; transformables en tres habitaciones y un estudio, respecivamnte. El primero, de tres niveles, en la parte superior y el segundo un espacio para alquilar y un dormitorio en el sótano. Los clientes querían una vivienda dinámica que fuera adecuada a su localización urbana y, a su vez, cálida y acogedora.

El proyecto tuvo que afrontar dos severas limitaciones: la planta del edificio, estrecha y alargada (19 m de largo y unos 5 m de ancho en la parte frontal, estrechándose luego hasta 4 m), que tradicionalmente había impuesto una distribución de las habitaciones en fila india; la localización de la propiedad dentro de un distrito catalogado como histórico, lo que obligaba a mantener intacta la fachada; y, por último, el ajustado presupuesto del cliente, que limitaba los costes del proyecto a unos 140€x m².

El objetivo de la renovación, que empezó con el levantamiento de dos muros laterales de ladrillo y el suelo del sótano, era construir una casa nueva dentro de una vieja estructura. El diseño del proyecto supera las estrechas limitaciones del edificio combinando un esquema ortogonal tradicional con una geometría curvada (la mayoría de los radios de las líneas curvas apuntan a un centro situado a 8,5 m al este del edificio) y un espacio de rotación (basado en una diagonal inclinada 10° que va de una de las esquinas traseras al centro del comedor). El resultado ha sido una disposición cambiante que parece moverse a medida que se recorre la casa.

La sala de estar aprovecha su orientación al sur y la posibilidad que había de construir una fachada posterior totalmente nueva por la que la luz pudiera penetrar en un espacio tipo loft. Este espacio, cerca de la parte frontal, permite que la luz penetre en el extremo norte del edificio. Se escogieron los materiales con el objetivo de crear una cálida mezcla de colores y texturas, recibir y modular la luz, y ofrecer un contraste al contexto urbano de la vivienda. Entre otros se incluyen el hormigón, el acero (cortén, inoxidable, perforado, coloreado), aluminio, cobre recubierto de plomo, tejidos metálicos de cobre, paneles ondulados Uniclad, vidrio transparente y vidrio esmerilado, paneles translúcidos de Kalwall y Lumicite, baldosas de piedra caliza, remates de Kirkstone y de caliza, muebles y paneles de pared aplacados en madera de arce y caoba, y suelos de madera de arce y de cerezo brasileño.

Fotografías: Paul Warchol & Anice Hoachlander

Para las paredes de la habitación principal se ha escogido cobre acabado en plomo, madera de caoba y arce para los armarios, y piedra caliza verde para el sobre del mueble de detrás de la cama.

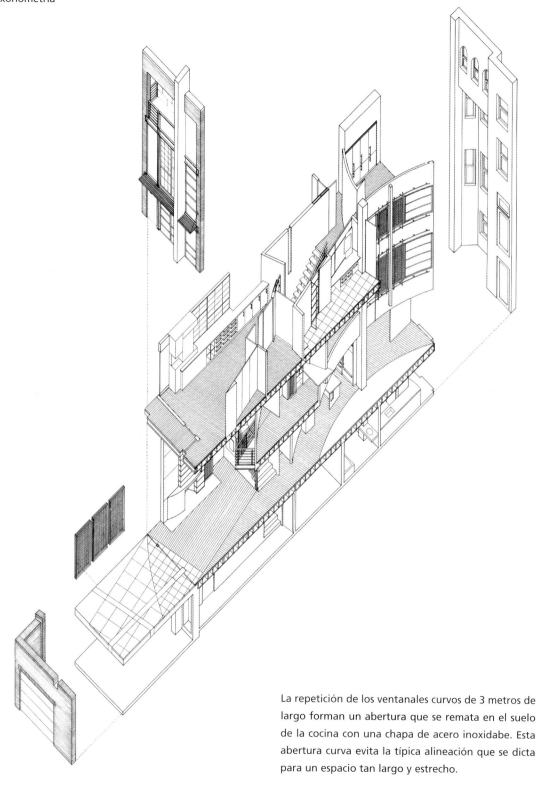

La repetición de los ventanales curvos de 3 metros de largo forman un abertura que se remata en el suelo de la cocina con una chapa de acero inoxidabe. Esta abertura curva evita la típica alineación que se dicta para un espacio tan largo y estrecho.

Thinking Space Architects
House on Club Row London
Londres, Reino Unido

El solar de esta vivienda estuvo desocupado desde 1957, año en que se derribó el edificio de cuatro plantas (construido en 1840) que lo ocupaba. Lo rodean estructuras previamente existentes por tres de sus lados. Al norte, se encuentra un almacén de tres plantas de gran tamaño, y al este y al sur viviendas remodeladas, de menores dimensiones, de dos y tres plantas respectivamente. Estos edificios más pequeños poseen ventanas orientadas hacia el emplazamiento de este proyecto, donde existe además un paso público hacia una escalera de incendios que atraviesa el solar. Estas limitaciones, junto con lo reducido del espacio disponible (62 m2), había provocado el abandono del emplazamiento por parte de los constructores, considerándose inservible para otro uso que no fuera como aparcamiento.

La vivienda pretende participar de la calle, aprovechando su generosidad. Por ello, la fachada de la calle principal está mayoritariamente vidriada y abierta al exterior. Las casas de estilo georgiano de la calle adyacente, con su geometría simple y sus grandes aberturas, supusieron un importante precedente para el diseño de la vivienda. Para superar la falta de vistas exteriores y las limitaciones de altura impuestas por las normas urbanísticas, se desarrolló un diseño que incluía un atrio. Esto proporciona intimidad y tranquilidad a los dormitorios (la calle es lugar de paso de autobuses), situados en la parte trasera, en la planta baja y el primer piso, y una serie de espacios comunes que se elevan desde el sótano hasta la azotea. En el lado norte, se genera un espacio de servicios gracias al agujero de la escalera, el cual proporciona áreas de almacenamiento y para la cocina y las duchas.

Este sencillo diseño da lugar a volúmenes claros, conectados y dramáticamente iluminados por el atrio, permitiendo que todas las habitaciones participen en esta casa orientada al sur y consiguiendo una sensación de espaciosidad en un espacio relativamente reducido.

El sótano actúa como cimentación por losa, evitándose la necesidad de emplear cimientos profundos mediante los muros frontales y reforzando, al lado de la escalera, la pared medianera ya existente y proporcionando un arriostramiento cruzado a la estructura.

La superestructura es simple, y consiste en paredes de obra con cámara perfectamente aisladas y planchas de acero y madera para los suelos. Esta construcción, más bien robusta, se combina con unas instalaciones relativamente sofisticadas, constituidas por una caldera de condensación que proporciona calefacción de suelo y una ventilación con calor de retorno hacia las habitaciones y los baños.